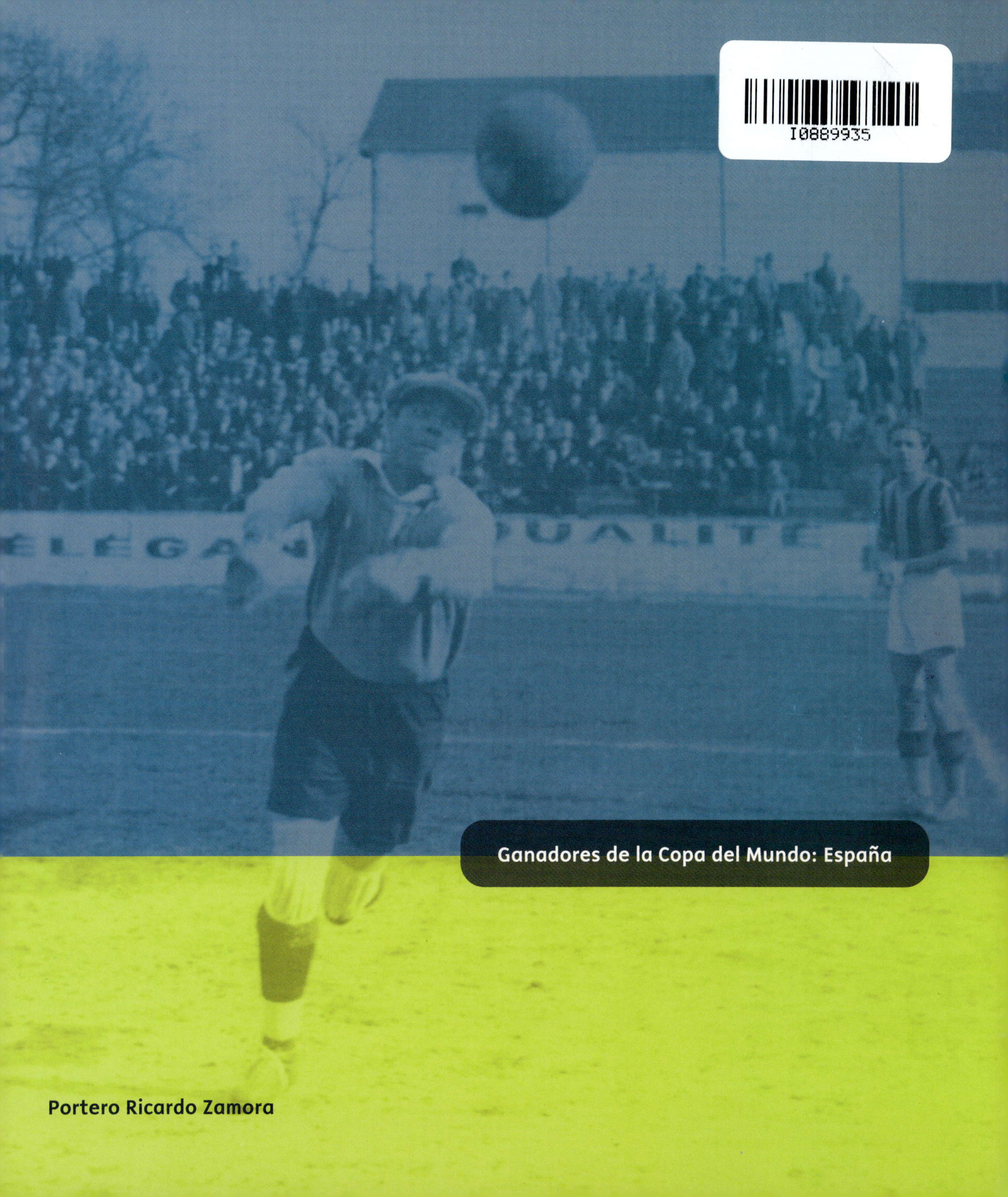

Ganadores de la Copa del Mundo: España

Portero Ricardo Zamora

Mediocampista defensivo Rodri

GANADORES DE LA COPA DEL MUNDO

# ESPAÑA

JASON OLSON

CREATIVE SPORTS

CREATIVE EDUCATION / CREATIVE PAPERBACKS

Publicado por Creative Education y Creative Paperbacks
P.O. Box 227, Mankato, Minnesota 56002
Creative Education y Creative Paperbacks
son sellos editoriales de The Creative Company
www.thecreativecompany.us

Diseño de Blue Design (www.bluedes.com)

Imágenes de Getty Images/Alex Livesey - Danehouse, 2, Alex Livesey - FIFA, 3, 10, Clive Mason, 5, JEFF PACHOUD, 16, Laurence Griffiths, 6, Marvin Ibo Guengoer - GES Sportfoto, portada, 7, Matthew Ashton, 15, sampics, 19, STAFF/AFP, 1, Stu Forster, 20; Pexels/Miguel Cuenca, 9; Wikimedia Commons/Clément Bucco-Lechat, 4, dominio público, 12, 24
Se ha hecho todo lo posible por contactar con los titulares de los derechos de autor del material reproducido en este libro. Cualquier omisión será rectificada en impresiones posteriores si se notifica al editor.



Library of Congress Cataloging-in-Publication Data
Names: Olson, Jason, 1981- author.
Title: España / Jason Olson.
Other titles: Spain. Spanish
Description: Mankato, Minnesota : Creative Education and Creative Paperbacks, [2026] | Series: Creative Sports. Ganadores de la Copa del Mundo | Includes index. | Audience: Ages 7-10 years | Audience: Grades 2-3 | Text in North American Spanish. | Summary: "With a FIFA World Cup and several major European titles to boast, Spain may be Europe's most successful 21st-century national soccer team. This elementary-level title, translated into North American Spanish, follows "La Roja" as it seeks another FIFA World Cup"— Provided by publisher.
Identifiers: LCCN 2024053965 (print) | LCCN 2024053966 (ebook) | ISBN 9798889899037 (lib. bdg.) | ISBN 9781682779439 (paperback) | ISBN 9798889899822 (ebook)
Subjects: LCSH: Roja (Soccer team)—History—Juvenile literature. | Soccer teams—Spain—History—Juvenile literature. | Soccer—Spain—History—Juvenile literature. | World Cup (Soccer)—Juvenile literature. | European Championship (Soccer tournament)—Juvenile literature. | Summer Olympics—Juvenile literature.
Classification: LCC GV943.6.R54 O4718 2026 (print) | LCC GV943.6.R54 (ebook) | DDC 796.334/660946—dc23/eng/20241227

Impreso en la India

Mediocampista Xavi

Mediocampista Xabi Alonso

CONTENIDO

# El país del equipo

España es un país grande en el oeste de Europa. Ocupa una posición importante entre Europa y África. Es conocida por tradiciones como el baile flamenco y las corridas de toros.

A los españoles les encanta animar a su selección nacional de fútbol. Es uno de los pocos equipos que ha ganado la Copa del Mundo. La Copa del Mundo es un torneo de fútbol a nivel mundial. Los países forman equipos con sus mejores jugadores. Cada cuatro años, compiten para convertirse en campeones del mundo.

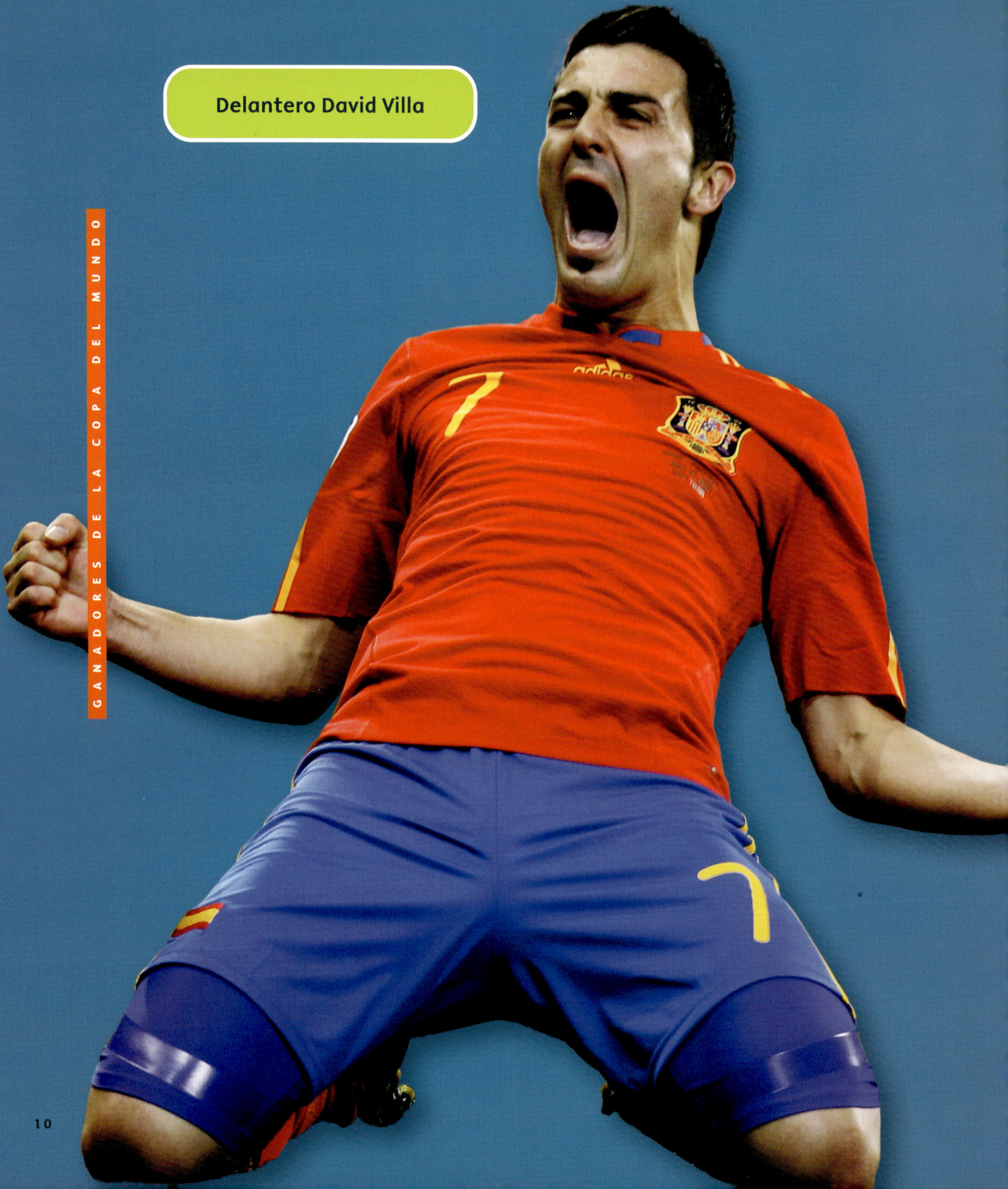

Delantero David Villa

# Tradiciones del equipo

La selección nacional de España es conocida como "La Roja" o "La Furia Roja". Juega un fútbol poderoso y agresivo. Su estilo de juego también se conoce como "tiki-taka", caracterizado por combinar pases cortos para construir un ataque. El equipo celebra sus victorias con un desfile por las calles de la capital, Madrid. España enfrenta a sus **rivales** Portugal en "El Derbi Ibérico" y a Italia en "El Derbi del Mediterráneo".

La selección nacional de España, 1920

# Historia del equipo

España formó su primera selección nacional en 1920. El equipo participó en los Juegos Olímpicos y obtuvo el segundo lugar. España ganó su primer título importante en el Campeonato Europeo de 1964 al derrotar a la Unión Soviética 2-1. En la Copa del Mundo de 1950, alcanzó el cuarto lugar.

España ganó la Copa del Mundo en 2010. Derrotó a los Países Bajos 1-0 en la final. Andrés Iniesta marcó el gol de la victoria durante la prórroga, ¡en el minuto 116! Es el gol ganador más tardío en una final de la Copa del Mundo.

La Copa del Mundo de 2010 se celebró en Sudáfrica. España fue el primer equipo europeo en ganar el trofeo fuera de Europa. El portero Iker Casillas recibió el **Guante de Oro**.

## Mediocampista Andrés Iniesta

Mediocampista Xavi

Muchos expertos en fútbol dicen que España es "el equipo del siglo XXI". Su generación dorada ganó tres Campeonatos Europeos: en 2008, 2012 y 2024. España ostenta el récord de títulos europeos. Fue nombrada Equipo del Año cada año desde 2008 hasta 2013.

# Estrellas del equipo

España ha tenido muchas estrellas a lo largo de su historia. Sergio Ramos marcó 23 goles en un récord de 180 **partidos internacionales**. Iniesta es uno de los mejores mediocampistas y fue finalista del **Ballón d'Or**. Iniesta, Xavi y Xabi Alonso son conocidos por trabajar juntos en el medio campo.

Defensa central Sergio Ramos (izquierda)

Extremo Lamine Yamal

David Villa es el máximo goleador de la historia de España, con 59 goles en 98 partidos internacionales. Fue el máximo goleador del Campeonato Europeo de 2008. Villa fue finalista de la **Bota de Oro** en la Copa del Mundo de 2010.

En 2024, Lamine Yamal se convirtió en el jugador más joven en jugar y marcar en un Campeonato Europeo. ¡Fue justo antes de que cumpliera 17 años! Estrellas emergentes como Yamal esperan traer otra Copa del Mundo a España pronto.

# Acerca de la selección nacional de España

Primer año: 1920

Colores del equipo: rojo, amarillo, azul oscuro, negro

Estadio local: varios (entre ellos, el Santiago Bernabéu, el Metropolitano, el Benito Villamarín y el Camp Nou)

**VICTORIA EN LA COPA DEL MUNDO:**

2010, 1-0 contra los Países Bajos

**SITIO WEB:**

https://rfef.es/es

# Glosario

**Ballon d'Or**: un premio otorgado cada año al mejor jugador de fútbol del mundo

**Bota de Oro**: un premio otorgado al jugador con más goles en un torneo

**Guante de Oro**: un premio otorgado al mejor portero de un torneo

**partido internacional**: un encuentro oficial jugado para una selección nacional de fútbol

**rival**: un equipo que juega muy duro contra otro equipo

La selección nacional de España, 1950

# Índice alfabético